ЧУДОВИЙ ДЕНЬ
A WONDERFUL DAY

Сем Сагольські
Ілюстратор: Єлена Кісенькова

www.kidkiddos.com
Copyright ©2022 by KidKiddos Books Ltd.
support@kidkiddos.com

First edition

Translated from English by Yuliia Vereta
Переклала з англійської Юлія Верета

Library and Archives Canada Cataloguing in Publication
A Wonderful Day (Ukrainian English Bilingual edition) / Sam Sagolski
ISBN: 978-1-5259-6648-4 paperback
ISBN: 978-1-5259-6649-1 hardcover
ISBN: 978-1-5259-6647-7 eBook

Please note that the Ukrainian and English versions of the story have been written to be as close as possible. However, in some cases they differ in order to accommodate nuances and fluidity of each language.

KidKiddos Books

Денні сидів на ганку, дивлячись на зоряне небо.
Danny was sitting on the porch, looking up into the starlit sky.

- Що ти робиш? - запитав його тато, сідаючи поруч.
"What are you doing?" his dad asked as he sat beside him.

- Я думаю про свій день, - сказав Денні.
"Thinking about my day," Danny said.

- Так? - запитав тато. - Що трапилось?
"Oh?" Dad asked. "What happened?"

- Ну, коли я прокинувся сьогодні, я викотився прямо з ліжка на підлогу.

"Well, when I woke up today, I rolled right out of my bed and onto the floor."

- Тоді, за сніданком, мій улюблений сир уже хтось з'їв.

"Then, at breakfast, my favorite cheese had already been eaten."

- *У школі деякі діти називали мене «великими вухами» і тягнули мене за хвіст.*

"At school, some kids called me 'big ears' and pulled my tail."

- Під час перерви, я спіткнувся об камінь, подряпав коліно і впав у калюжу.

"During recess, I tripped on a rock, scraped my knee and fell into a puddle."

- *Після школи я хотів, щоб мій брат пограв зі мною, але він відмовив.*

"After school, I wanted my brother to play a game with me, but he said no."

- Здається, у тебе був справді поганий день, Денні, - сказав тато.

"It sounds like you had a really bad day, Danny," said Dad.

Денні подивився на нього і сказав:
- Ні, це не так! У мене був чудовий день!

Danny looked at him and said, "No, I didn't! I had a great day!"

Тато розгубився.
- Але ти сказав, що коли прокинувся, ти впав з ліжка.
Dad was confused. "But you said you fell out of your bed when you woke up."

- Я впав! Потім я знайшов свою улюблену м'яку іграшку під своїм ліжком!
"I did! Then I found my favorite stuffed animal under my bed!"

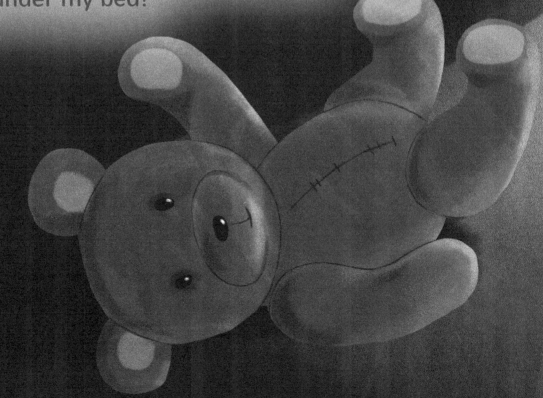

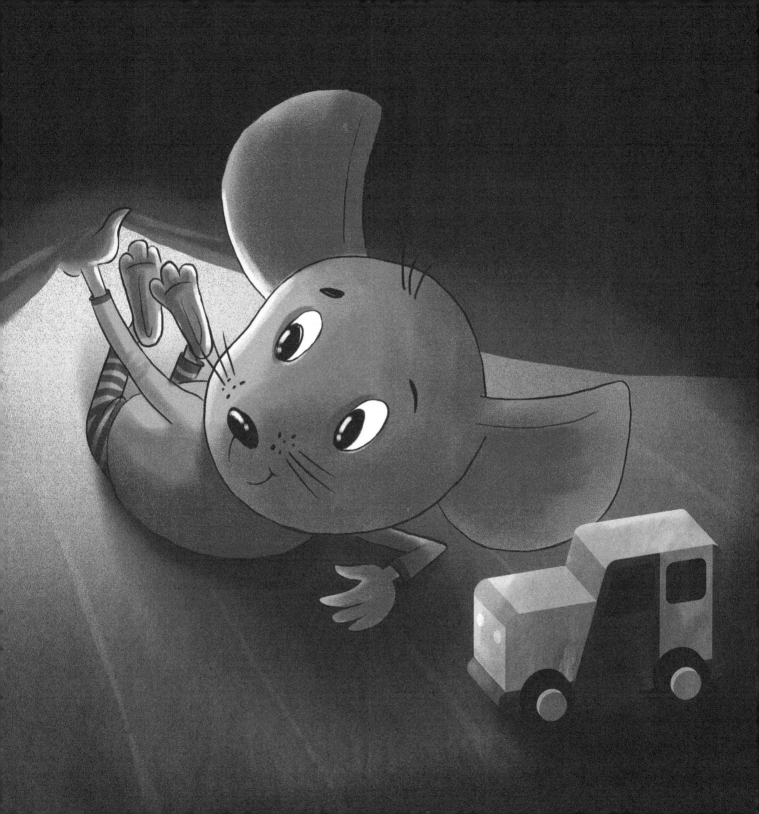

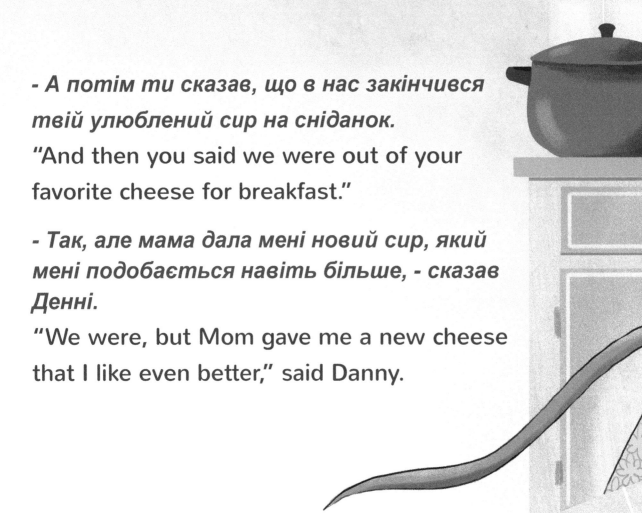

- А потім ти сказав, що в нас закінчився твій улюблений сир на сніданок.

"And then you said we were out of your favorite cheese for breakfast."

- Так, але мама дала мені новий сир, який мені подобається навіть більше, - сказав Денні.

"We were, but Mom gave me a new cheese that I like even better," said Danny.

- А як же діти в школі? Хіба вони не образили твої почуття?

"What about the kids at school? Didn't they hurt your feelings?"

- Спочатку так і було, але Нік, новачок у школі, допоміг мені. Тепер він мій друг, - сказав Денні.

"They did at first, but Nick, a new kid at school, helped me. He's my friend now," said Danny.

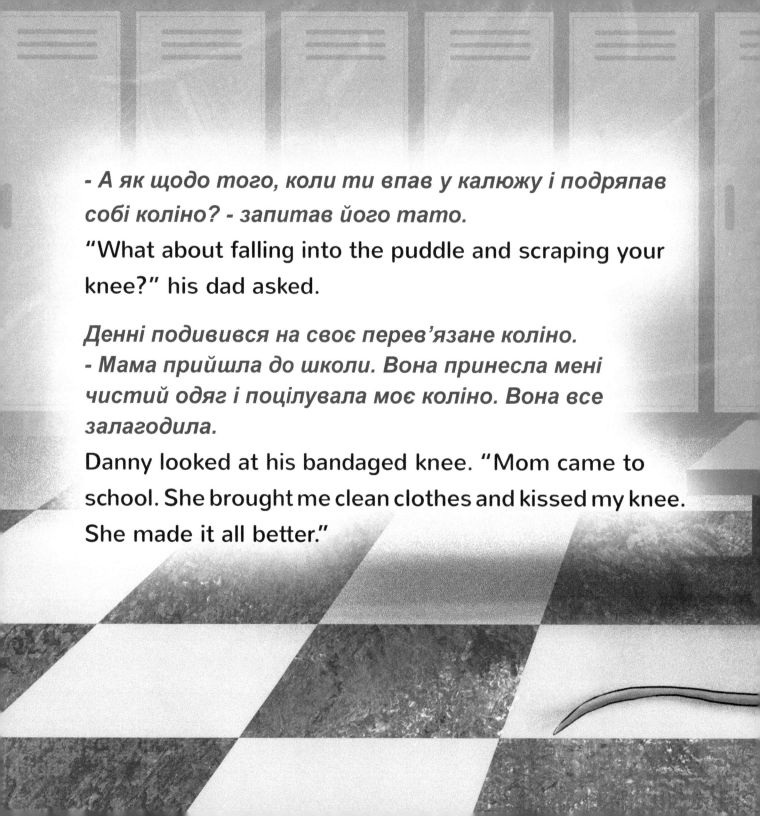

- А як щодо того, коли ти впав у калюжу і подряпав собі коліно? - запитав його тато.

"What about falling into the puddle and scraping your knee?" his dad asked.

Денні подивився на своє перев'язане коліно.
- Мама прийшла до школи. Вона принесла мені чистий одяг і поцілувала моє коліно. Вона все залагодила.

Danny looked at his bandaged knee. "Mom came to school. She brought me clean clothes and kissed my knee. She made it all better."

- А як щодо того, коли твій брат не хотів з тобою гратися? - продовжував тато.

"What about when your brother wouldn't play with you?" Dad continued.

- Я грався зі своєю сестрою, - сказав Денні. - Ми чудово провели час, будуючи форт і прикидаючись королем і королевою. Це було так весело!

"I played with my sister," Danny said. "We had a great time building a fort and pretending to be a king and a queen. It was so much fun!"

- Ну, схоже, у тебе справді був чудовий день. Тепер час лягати спати, - сказав тато.

"Well, it sounds like you really did have a great day. Now it's time to go to bed," Dad said.

Він усміхнувся своєму синові й підняв його, коли Денні заплющив очі.

He smiled at his son and picked him up, as Danny closed his eyes.

- В мене справді був чудовий день, - сказав Денні, умощуючись у своєму ліжку, готовий спати.

"I did have a great day," Danny said as he snuggled into his bed, ready to go to sleep.

- Я знайшов свою улюблену м'яку іграшку. Я з'їв нову їжу. Я знайшов нового друга. Я зміг побачити маму, і я повеселився з моєю сестрою. Моє серце таке щасливе. Я не можу дочекатися, щоб побачити, що станеться завтра.

"I found my favorite stuffed animal. I ate a new food. I made a new friend. I got to see mom and I had fun with my sister. My heart is so happy. I can't wait to see what happens tomorrow."

Printed in the USA
CPSIA information can be obtained
at www.ICGtesting.com
LVHW070506051123
763028LV00026B/128